AF502291

TRAITÉ
DE L'HÉRÉDITÉ
DES FEMMES
EN NORMANDIE.

TRAITÉ
DE L'HÉRÉDITÉ
DES FEMMES
EN NORMANDIE,

DANS lequel on prouve, qu'en cette Province elles prennent part aux meubles & conquêts du mari, en qualité d'héritières.

Par M. DUVAL DUHAZEY, Avocat au Parlement de Rouen.

A PARIS,

De l'Imp. de D'HOURY, Imp.-Lib. de Mgr. le Duc d'ORLÉANS, rue de la Vieille-Bouclerie.

M. DCC. LXXI.

Avec Approbation & Privilège du Roi.

TRAITÉ DE L'HÉRÉDITÉ DES FEMMES EN NORMANDIE.

LES femmes en Normandie ſont héritières de leurs maris ſuivant la Coutume ; mais héritières d'une certaine eſpèce de biens ſeulement, ſçavoir des meubles & conquêts & de la quotité d'iceux, ſoit en propriété, ſoit en uſufruit fixé par la Loi, eu égard aux circonſtances ou à la ſituation des héritages dont il s'agit. (*a*) En conséquence, dès l'instant du décès du mari, la veuve est réputée saisie de droit de sa succession, en ver-

---

(*a*) La femme, après la mort du mari, a la moitié en propriété des conquêts faits en bourgage, constant le mariage ; & quant aux conquêts faits hors bourgage, la femme a la moitié en propriété au Bailliage de Gisors, & en usufruit au Bailliage de Caux, & le tiers par usufruit aux autres Bailliages & Vicomtés. *Cout. art.* 329.

Après la mort du mari, la femme a le tiers aux meubles, s'il y a enfans vivans de son mari, en contribuant aux dettes pour sa part, hormis les frais des funérailles & legs testamentaires ; & s'il n'y en a point, elle y a la moitié aux charges que dessus. *Cout. art.* 392.

Néanmoins s'il n'y a que des filles qui ayent été mariées du vivant de leur père, elle a la moitié aux meubles, pourvu que le mari soit quitte du meuble par lui promis à ses filles ou gendres en faveur de mariage. *Cout. art.* 293.

tu de la maxime, *Le mort ſaiſit le vif*, & tellement ſaiſie, que pour ne pas devenir perſonnellement ſuſceptible des dettes contractées par le défunt, elle eſt obligée de renoncer en Juſtice dans les quarante jours, ſuivant l'art. 394 (*b*) de la Coutume, comme

(*b*) La femme peut *renoncer à la ſucceſſion de ſon mari dans les quarante jours après le décès d'icelui*, pourvu qu'elle renonce en Juſtice, & qu'elle n'ait pris ni concelé aucune choſe des meubles, dont elle eſt tenue de ſe purger par ſerment, faiſant ladite renonciation; auquel cas elle aura ſeulement ſes biens paraphernaux exempts de toutes dettes, & ſon douaire, & où puis après il ſeroit trouvé qu'elle en auroit eu aucune choſe directement ou indirectement, elle eſt tenue contribuer aux dettes, tout ainſi que ſi elle n'avoit point renoncé : lequel délai ne pourra être prorogé ſans connoiſſance de cauſe, les héritiers & ceux qui ont intérêt appelés, & où il ſeroit prorogé après le délai de trois mois paſſés du jour du

les héritiers lignagers y ſont obligés dans le même délai par l'art. 235. (*c*)

Il y a plus : quoique ſuivant l'article 235, il ſemble que l'hé-

---

décès, les meubles pourront être vendus par Juſtice ; ſauf à faire droit à ladite veuve, pour telle part & portion qui pourra lui appartenir ſur les deniers de la vendue deſdits biens. *Cout. art.* 394.

(*c*) Le mort ſaiſit le vif ſans aucun miniſtère de fait, & doit le plus prochain habile à ſuccéder, étant majeur, déclarer en Juſtice dans les quarante jours après la ſucceſſion échue, s'il entend y renoncer ; autrement, s'il a recueilli aucune choſe, ou fait acte qu'il ne puiſſe ſans nom & qualité d'héritier, il ſera tenu & obligé à toutes les dettes; & où l'héritier ſeroit mineur, le tuteur doit renoncer ou accepter dans ledit tems, en la forme que deſſus, par l'avis des parens. *Cout. art.* 235.

Ce délai de 40 jour ne commence à courir que du jour de la clôture de l'inventaire depuis l'Ordonnance de 1667, ſoit contre la veuve & contre l'héritier ;

ritier lignager ſoit tenu de renoncer dans le délai de quarante jours, on ſait cependant que ce terme n'eſt point fatal pour lui; qu'il lui ſuffit de s'abſtenir, juſqu'à ce que ſur les pourſuites des créanciers du défunt, il ſoit obligé d'accepter la ſucceſſion ou d'y renoncer expreſſément. (*d*)

La veuve au contraire doit renoncer dans les quarante jours; ce délai eſt fatal pour elle : une fois paſſé, le défaut de renonciation équivaut à une acceptation formelle de ſa part : elle eſt cenſée, & eſt effectivement hé-

---

& la même ordonnante leur accorde trois mois pour faire l'inventaire; mais cela n'empêche pas le délai de 40 jours, d'être fatal pour la veuve.

(*d*) L'héritier préſomptif, encore qu'il n'ait pas renoncé à la ſucceſſion, n'eſt pas cenſé héritier, s'il n'en a fait acte, ou pris la qualité. *Placités*, *art.* 43.

ritière. (c) En conséquence, les créanciers peuvent intenter contr'elle toutes les actions, former toutes les demandes qu'ils auroient pu former contre le défunt, & (ce qui arrive tous les jours) la faire condamner solidairement elle seule, & sauf son recours

---

(c) Femme séparée de biens n'est pas censée héritière de son mari, encore qu'elle n'ait pas renoncé. *Placités, art.* 81.

Mais si elle n'est pas separée, elle est censée héritière de son mari, si dans les quarante jours après son décès, elle n'a renoncé à sa succession, ou obtenu du Juge dans ledit tems un plus long délai d'y renoncer. *Ibid. art.* 82.

Elle est aussi héritière, si, avant sa renonciation, elle a soustrait ou concelé des meubles de son mari; mais si elle les a soustraits après sa renonciation, elle est seulement tenue de les rapporter, sans qu'elle soit réputée héritière. *Ibid. art.* 83.

ſur ſes cohéritiers, au payement de leurs créances, en exécution de l'article 130 des placités. (*f*)

Qu'eſt-ce en effet qu'un héritier ? C'eſt celui qui repréſente la perſonne du défunt tant à l'actif qu'au paſſif, qui a droit d'intenter les mêmes actions que le défunt, & eſt ſujet à être pourſuivi, comme il auroit pu l'être lui même de ſon vivant. Or, la veuve en Normandie réunit ce double caractère.

Lorſqu'elle renonce à la ſucceſſion de ſon mari, aux termes de l'article 394, elle n'a autre choſe à demander que ſes paraphernaux exempts de toutes det-

(*f*) Les héritiers ſont obligés ſolidairement & perſonnellement aux dettes du défunt, ſauf leur recours contre leurs cohéritiers, pour la part que chacun d'eux a eue à la ſucceſſion. *Plac. art.* 130.

tes, & son douaire. D'autre part elle ne peut être poursuivie personnellement pour les dettes du défunt ; elle ne représente donc point la personne de son mari : ainsi on la qualifie *veuve & non héritière.*

Mais lorsqu'au lieu de renoncer, elle accepte la succession, elle a droit de poursuivre en son nom les débiteurs, & peut elle-même être poursuivie personnellement par les créanciers de son mari, même pour dommages & intérêts jugés & résultant de crimes par lui commis de son vivant, (hors le cas de confiscation :) *è contrà*, elle auroit sa part de l'intérêt civil qui seroit jugé au cas de l'assassinat ou meurtre commis en la personne de son mari. (*g*) Elle se représente

(*g*) Voyez Pesnelle sous l'art. 293 de la Coutume.

donc tant activement que passivement : alors nous la qualifions *veuve & héritière*, parce que c'est là le véritable caractère de l'héritier. *Hæres personam defuncti repræsentat.*

Le Réglement de 1666, tous les Arrêts de la Cour, toutes les Sentences émanées des différens Tribunaux de la Province, tous nos Auteurs, les Auteurs même étrangers donnent aux Veuves Normandes la qualité d'héritières ; & s'il falloit remonter au-delà de la réformation, pour prouver que c'est à titre d'héritières, qu'elles prennent part aux meubles & conquêts de leurs maris, on en trouveroit une preuve non équivoque dans le texte latin de l'ancien Coutumier, & dans l'ancien style de procéder, qui le disent expressément.

Qui le croiroit! Malgré tant d'autorités, malgré l'uſage conſtant & journalier de la Province, il vient de paroître ſucceſſivement pluſieurs Ouvrages, qui ſemblent s'accorder pour enlever aux veuves la qualité d'héritières de leurs maris.

Le premier intitulé, *Diſſertation ſur la Communauté Normande*, avoit pour but d'établir contre la diſpoſition textuelle & excluſive de l'art. 389 de la Coutume, que les conjoints ſont communs en biens en cette Province; & qu'ainſi, ce n'eſt point comme héritière, mais à titre de commune, que la veuve en Normandie prend part aux meubles & conquêts faits par ſon mari.

Pour établir ſon ſyſtême, l'Auteur remonte juſqu'à l'origine de la Monarchie. Au tems du (*h*) Roi Dagobert, longtems même auparavant, il voit ou croit voir la communauté établie par toute la France. Suivant ensuite avec une sécurité inconcevable le fil de son récit historique, & la plupart du tems conjectural, jusqu'à la réformation de notre Coutume, il s'imagine voir clairement malgré les différentes révolutions qu'a éprouvées cette Province, la même communauté (*i*) qu'il a cru appercevoir sous Dagobert.

Or, suivant notre ancien Coutumier, au chapitre de *Brief de Douaire à Femme*, les femmes n'avoient rien en propriété, ni même en usufruit aux acqui-

(*h*) Voyez cette dissertation pages 19, 20 & suiv.

(*i*) Voy. *ibid.* p. 28.

ſitions (excepté en bourgage où elles avoient moitié) mais peut-être, une part aux meubles de la ſucceſſion de leurs maris. Je laiſſe à mon Lecteur à juger ſi c'eſt là vraiment une communauté, & ſi l'Auteur ne ſuppoſe pas ce qu'il met lui-même en queſtion.

Je ne me fais point un plaiſir malin de le critiquer; je me fais même un devoir de lui rendre juſtice. Il y a dans cet Ouvrage quantité de recherches curieuſes. Le ſtyle en eſt pur, net, énergique : L'Auteur fait voir qu'il connoît les grands principes d'équité naturelle, qui devroient toujours être la baſe des loix; mais il en fait une mauvaiſe application, parce qu'il eſt préoccupé de cette communauté qu'il voudroit trouver partout.

Envain l'article 389 de la Coutume décide-t-il expressément qu'il n'y a point de communauté entre les conjoints. L'Auteur, *page* 46, demande sur quoi nos réformateurs ont fondé cette décision : on peut lui répondre avec certitude que c'est sur l'usage alors observé dans la Province; usage attesté par le style de procéder, & par Terrien; usage que nos réformateurs connoissoient sans doute mieux que lui.

Les deux Arrêts qu'il cite ne prouvent rien contre cet usage. Celui de Bouchard est mal rendu, de l'aveu même de l'Auteur, s'il est vrai que la veuve de Gauvain Duval eût renoncé; puisqu'en ce cas elle n'avoit pu transmettre à Bouchard, son héritier, aucun droit sur les conquêts de son mari, sous quelque point de vue qu'on la considérât.

Si au contraire, comme on le prétend, elle n'avoit pas renoncé, mais qu'elle se fût seulement abstenue ; en ce cas elle étoit réputée héritière, & avoit pu transmettre à son héritier le droit qu'elle avoit sur les conquêts de son mari : ainsi qu'il fut jugé par l'Arrêt cité.

Ainsi nulle conséquence à tirer de cet Arrêt dans le premier cas : dans le second au contraire il prouveroit beaucoup en faveur de l'hérédité des femmes.

L'Arrêt de Bense pourroit y paroître contraire, s'il n'étoit pas d'ailleurs évident que la faveur de la veuve l'emporte alors sur la rigueur du droit ; (*l*) ce

(*l*) Voyez Terrien page 534, où il

qui a depuis ſervi de fondement à l'exception contenue dans l'article 333, *avenant que le mari confiſque*, &c.

On ne peut donc rien conclure de ces deux Arrêts contre l'uſage conſtant qui donnoit aux veuves le titre d'héritières; uſage atteſté par l'ancien ſtyle de procéder long-tems avant la réformation de notre Coutume; atteſté de nouveau par nos réformateurs dans les articles 389 & 394 de la nouvelle Coutume, qui ont été lus & arrêtés dans l'Aſſemblée des Etats Généraux de la Province, en préſence des Députés des trois Ordres, en qui l'on doit ſuppoſer aſſez d'eſprit & de diſcernement, pour

---

ſoutient le contraire de ce qui a été jugé par l'Arrêt de Benſe.

ne pas s'être laissés duper grossièrement.

Aussi ce systême chimérique de communauté a-t-il été rejetté *unanimement* par Messieurs les Avocats du Parlement de Normandie ; dans l'Assemblée du onze Août dernier, comme le porte l'Arrêté dudit jour ; & & il n'y a pas lieu de craindre qu'il fasse aucuns progrès, malgré les nouveaux efforts qu'a faits l'Auteur, pour le défendre dans une petite brochure intitulée, *Elémens de Droit précédés d'une Réponse aux Opinions de M. G.*

Mon but n'est donc pas de refuter ce systême de communauté. M. de la Quesnerie y a répondu dans une brochure qui paroît depuis quelques mois : ainsi je n aurois pas mis la main à la plume, si l'Auteur de la Dissertation & M. de la Quesnerie, qui

qui l'a réfutée *ex professo*, malgré la différence de leurs sentimens au principal, ne sembloient s'accorder pour enlever aux femmes en Normandie, la qualité d'héritières qu'elles y ont toujours eue.

Pour leur conserver ce titre, il suffira de résoudre d'une manière satisfaisante les objections qu'on oppose : car si ces objections ne sont pas insolubles, il faut avouer que mal-à-propos vient-on contredire l'usage constant de la Province & les dispositions du Réglement de 1666. C'est ce que je me propose dans ce petit Traité.

Pour y répondre avec plus d'avantage & d'ordre, je diviserai ce Traité en trois parties. Dans la première j'examinerai quels étoient dans l'origine & suivant notre ancien Coutumier, les droits des femmes ſur la ſucceſſion de leurs maris. Dans la ſeconde j'examinerai les progrès différens de ce droit juſqu'à la réformation de notre Coutume. Dans la troiſième je ferai voir par une conſéquence des principes établis dans les deux premières parties, que les femmes, ſous la Coutume nouvelle comme ſous l'ancienne, prennent part aux meubles & conquêts à titre d'héritières, & qu'elles n'y ont rien du vivant de leurs maris, nonobſtant les articles 331 & 332 de la Coutume; ce qui ſervira de ſolution à toutes les objections que l'on oppoſe.

PREMIERE PARTIE.

Quels étoient dans l'origine & suivant notre ancien Coutumier, les droits des femmes sur la succession de leurs maris.

Je n'entreprends point d'examiner si notre Coutume est plus ou moins équitable à l'égard des femmes, que celle de Paris. Nous avons une Loi ; il faut s'y arrêter, & s'attacher seulement à en bien pénétrer l'esprit en remontant à la source.

Le Texte de notre ancien Coutumier ne donne aucune part aux femmes ni dans les meubles, ni dans les acquisitions d'immeubles faites par le mari, constant le mariage, (excepté en bourgage), il leur accorde seulement, comme la nouvelle Coutume, un douaire coutumier ou préfixe. Il y a cependant apparence que les femmes ont toujours eu quelque part aux meubles de la ſucceſſion de leurs maris, quoiqu'il n'y en eût rien d'écrit ni dans l'ancien Coutumier, ni dans le Style de procéder. Terrien rapporte cet uſage, & il ſe trouve confirmé par pluſieurs anciens Arrêts qu'il cite (*m*) ; mais il obſerve qu'elles n'y avoient rien, qu'après la mort de leurs maris ; & qu'en prenant part aux meubles, elles s'obligeoient aux dettes.

Ainſi les femmes, ſous l'ancienne Coutume de cette Province, n'avoient, outre leur douaire, qu'une part aux meubles de la ſucceſſion de leurs

(*m*) *V.* Terrien, *p.* 236 & 238.

maris, & rien du tout, ni en propriété, ni en uſufruit aux acquiſitions.

Il n'y avoit qu'une ſeule exception pour le bourgage, où les femmes, après la mort de leurs maris, avoient moitié en propriété. Car il n'étoit pas encore queſtion de l'uſage local du Vexin, ni de celui du Pays de Caux.

» Sçavoir devons, (porte l'an-
» cien Coutumier au chap. 31
» *de Tenure par bourgage*,) que les
» femmes doivent avoir après la
» mort de leurs maris, la moi-
» tié des achats qui ſont faits en
» leur tems.

Au Chapitre C. *de Brief de mariage encombré*, il eſt dit:
» En achat que le mari fait d'hé-
» ritages, n'aura la femme point
» de partie, fors en bourgage
» où elle a la moitié.

Et au Chapitre ſuivant intitulé *de douaire à femme:* » On » doit ſavoir que femme ne peut » avoir douaire ne partie en con- » quêts que ſon mari ait faits, » puiſque il épouſa, fors en » bourgage où elle aura la moi- » tié; mais de douaire n'y aura » elle point.

Enfin l'ancien Style de procéder, *de conquêt*, porte: » Quand » un homme & une femme ſont » mariés enſemble, & durant le » mariage, ſe font conquêts, » en aucuns lieux la femme » prend après le décès partie hé- » réditale eſdits conquêts par » moitié; & en aucuns, non. La » femme prend part de moitié » héréditale ès conquêts, ès hé- » ritages qui ſont aſſis en bour- » gage, *généralement par tout* » *le Bailliage*, & ès autres hé- » ritages qui ne ſont point aſſis

» en bourgage, mais en tenure
» de quelque fief, ne prend au-
» cune partie héréditale, douai-
» re, ne autrement.

Si l'on vouloit rechercher curieusement l'origine de cet usage, & savoir pourquoi notre ancien Coutumier donnoit aux femmes moitié aux acquisitions en bourgage, & rien du tout aux acquisitions hors bourgage, faites dans la mouvance des fiefs ou seigneuries, il faudroit peut-être remonter jusqu'à la loi salique, (*n*) à l'origine des

(*n*) Notre Coutume paroît dériver de la loi salique. *V.* Basnage sur l'art. 248 : or, suivant la loi salique, *art. 6 tit. des Alleux*, Nulle portion de la terre salique ne doit passer aux femmes; mais le sexe viril l'acquiert.

Suivant les loix féodales, les fiefs étoient des bénéfices qui ne se don-

fiefs & du franc-aleu. Car notre

---

noient qu'à vie & à la charge du service militaire: auſſi les femmes étoient-elles incapables de les poſſéder, même après qu'ils furent devenus héréditaires.

Voilà ſans doute pourquoi notre ancien Coutumier, & le Style de procéder diſent que les femmes n'ont aucune part, ni en propriété, ni en uſufruit, aux conquêts ſitués hors le Bourgage dans la féodalité des Seigneurs. C'eſt une conſéquence des loix ſaliques & féodales, par leſquelles la Normandie étoit gouvernée comme le reſte de la France, avant de paſſer ſous la domination de ſes Ducs.

On ne tarda pas à ſe relâcher de la rigueur de la loi ſalique, qui paroiſſoit dure & inhumaine, comme on le voit par cette formule de Marculphe, l. 2, chap 12 *Diuturna, ſed impia conſuetudo*, &c. Mais les loix féodales ſe ſont ſoutenues plus long-tems dans leur vigueur; enſorte que malgré la loi ſalique, l'uſage s'introduiſit de donner

ancien

ancien Coutumier est une compilation des anciens usages de la Province; usages si anciens que, suivant le Style de proceder, *ils ont été observés, tenus & gardés de toute ancienneté, & au-devant que la Duché de Normandie fût baillée par le Roi*

---

part aux filles & aux femmes dans les biens qui n'étoient point sujets à la féodalité, mais situés en bourgage ou en franc-alleu. Cet usage avoit lieu avant que notre ancien Coutumier fût rédigé par écrit, tel que nous l'avons aujourd'hui. C'est pourquoi les femmes suivant icelui ont moitié en propriété aux conquêts de bourgage. Mais les loix féodales étoient en pleine vigueur, lorsque nos Coutumes ont été rédigées par écrit. Les fiefs étoient chargés du service militaire : par cette raison, les femmes n'avoient rien en propriété ni même en usufruit à cette sorte de biens. *Voyez* encore Basnage sous l'art. 102.

Charles le Simple au Duc Rou.

Mais cette discussion nous meneroit trop loin. Contentons-nous de sçavoir que par toute la Normandie les femmes n'avoient rien aux acquisitions, ni en usufruit, ni en propriété, même après la mort de leurs maris. Tel étoit l'usage général de la Province. (*o*)

(*o*) Cela étant, je ne puis assez m'étonner de ce que M. Ducastel, page 45 de sa Dissertation, ait osé assurer que la société conjugale, (c'est-à-dire, selon lui, la communauté de biens entre mari & femme,) en 1583 subsistoit depuis dix siècles en Normandie. Quelle communauté peut-on imaginer entre deux associés, dont l'un a tout le profit, & l'autre rien?

Que l'on parcoure d'un bout à l'autre l'ancien Coutumier, on n'y trouvera point de disposition qui accorde à la femme une part même dans les meu-

Si, par une exception unique, elles avoient moitié aux conquêts de bourgage, ce droit ne leur étoit acquis, comme aujourd'hui, qu'*après la mort du mari*, & en prenant la qualité d'héritières, comme le porte en termes exprès le texte latin de l'ancien Coutumier, au Chapitre *de Tenuris per Borgagium*.

Notandum est iterùm quòd relictæ, de hujus modi emptionibus tempore suo factis per maritos, medietatem habent, w s', (*id est*,

bles. Quand il seroit vrai que les femmes prenoient part aux meubles de leurs maris, ce ne pouvoit pas être à titre de communes, puisqu'il étoit au pouvoir du mari de les convertir en acquisition de fonds auxquels la femme n'avoit rien; ce qu'il seroit absurde de supposer dans l'état de communauté; mais c'étoit à titre d'héritières.

usu, ou *ut*, ou *ut sint*,) *hæredes virorum suorum post eorum decessum.*

» En conséquence Terrien » *page* 236, dit que si elle, (la » femme) voit que la succession » du mari soit onéreuse, *& ne* » *la veut recueillir*, elle y peut » renoncer en jugement dans » quarante jours, après le décès » de son mari, en soi purgeant » par serment, qu'elle n'a con- » celé aucuns biens de ladite » succession ; auquel cas elle » n'aura aucune part auxdits » meubles, ni aux héritages ac- » quis pendant le mariage, sauf » ses biens paraphernaux & son » douaire, suivant la Coutume » du pays.

C'est donc en qualité d'héritière que la femme prenoit part aux conquêts de bourgage ; il n'est plus possible d'en douter.

Elle n'y avoit donc rien du vivant de ſon mari. Auſſi en étoit-il abſolument le maître ; il pouvoit les vendre & aliéner ſans le conſentement de ſa femme, & ſans qu'elle eût droit d'y rien réclamer après ſa mort : il pouvoit même l'en priver gratuitement & de deſſein prémédité, par échange, en remplaçant hors bourgage les acquêts de bourgage ; enſorte que la femme n'eût rien à l'échange, ou par quelqu'autre voie que ce fût. *Voyez* la Gloſe de l'ancien Coutumier au chapitre *de Tenure par Bourgage*.

Il eſt vrai que ſuivant l'uſage ancien atteſté par cette même Gloſe, (*p*) & par l'ancien Style

(*p*) » Par ce mot *après la mort de* » *leurs maris*, peut-on noter que les de procéder, (*q*) le mari, après la mort de sa femme, ne pou-

---

» femmes ne peuvent rien demander au » vivant de leurs maris ? Mais les peu- » vent leurs maris vendre & aliéner, » sans le consentement d'elles, & sans » ce qu'elles les puissent rappeler en » l'an & jour de la mort de leurs ma- » ris ; ainsi qu'elles feroient leurs héri- » tages, s'ils les avoient vendus & alié- » nés en leur vivant, sans leur consen- » tement : & peut on dire que telles » venditions ne sont réputées fors aussi » comme choses mobiliaires ? Et de ce » parle aucunement le Texte en latin » en ce chapitre, au commencement, » qui met : *in tenuris autem per borga-* » *gium, sciendum est quòd possunt emi* » *& vendi ut mobile.*

» Mais sitôt que la femme seroit al- » lée de vie à trépassement, le mari ne » pourroit pas vendre les conquêts faits » en bourgage, leur mariage durant, au » préjudice des hoirs de sa femme. Et » outre doit-on sçavoir que si le mari

voit plus vendre les conquêts de bourgage au préjudice de ses héritiers. C'est un abus de la loi : mais il ne faut pas en induire

» échangeoit les conquêts, le mariage » durant au vivant d'iceux, ès héritages » assis hors bourgage, la femme n'auroit » rien audit échange ; car il l'en peut » aussi bien priver par telle voie, com» me il eût pu faire par vendition ». *Voy*. la Glose au chap. *de Teneure par Bourgage*.

(*q*) Quand ung homme marié a faict aulcun conquest en lieu où la femme acquiert, il peut bien vendre durant le mariage, sans le consentement de sa femme; & n'y pourra la femme revenir, ne demander rien par bref de mariage encombré, ne autrement. Mais s'il attend après le trépas de la femme, les héritiers de la femme y auroient part; *telle que eût eu la femme, si elle eût vécu*, & le conquêt n'eût point été vendu. Au Style de procéder, *de conquêt*.

que la femne de ſon vivant y eût quelque droit de propriété, tandis que le contraire eſt établi ſur une quantité de Textes de l'ancien Coutumier, ſur les Gloſes & Commentateurs d'icelui.

Nous verrons dans la ſuite, & ſurtout dans la troiſième Partie ci-après, quels étoient les motifs de cet uſage. Quant à préſent, je tirerai de tout ce qui a été dit ci-deſſus, cette concluſion ſeulement, que ſous l'ancienne Coutume, les femmes n'avoient rien du tout, ni aux meubles, ni aux conquêts de bourgage, du vivant de leurs maris : ce qui eſt exactement conforme à l'art. 389 de la Coutume nouvelle, & à notre uſage.

SECONDE PARTIE.

Quels ont été les progrès différens du droit des femmes sur les conquêts, jusqu'à la réformation de notre Coutume.

Nous avons vu dans la première partie que les femmes n'avoient rien aux conquêts, suivant l'ancien Coutumier, ni en propriété, ni en usufruit. Telle étoit la Coutume générale de la Province sous nos Ducs; & cette Coutume générale a subsisté sans altération, jusqu'à la réformation en 1583 : mais au lieu que l'ancien Coutumier n'admettoit d'exception que pour le bourgage, où les femmes avoient moitié en propriété après la mort de leurs maris. Depuis la réunion de la Province à la Couronne de France en 1204, peut-être même quelque tems auparavant, il s'étoit introduit dans le Vexin, & au pays de Caux qui forment deux des sept grands Bailliages de la Province, des usages locaux qui formèrent, comme le bourgage, de nouvelles exceptions à la Coutume générale, sans parler de plusieurs autres petits Cantons qui avoient aussi leur usage (*r*) local & particulier.

Pour connoître l'origine de ces usages locaux, surtout de celui du Vexin, il faut observer que notre ancien Coutumier

---

(*r*) Ces petits usages locaux subsistent encore aujourd'hui ; ils ont été réformés & rédigés par écrit en 1587, & sont insérés à la fin de la Coutume réformée. Je ne m'y arrêterai point, pour éviter un détail inutile.

a été rédigé par écrit, tel que nous l'avons, ſous le règne & par les ſoins de Philippe-Auguſte, Roi de France; mais que nos Coutumes étoient écrites & formoient un corps de loix long-tems avant lui. Car le Style de procéder nous apprend que ce Monarque, après avoir entièrement chaſſé les Anglois de la Normandie, » ſe voulut enquérir des loix & coutumes du-
» dit pays, & fit écrire & mettre
» en plus bel ordre ledit livre
» Coutumier, qu'il n'étoit en pré-
» cédent; tint & aſſembla Con-
» ſeil, (ajoute le Style), où fu-
» rent les Prélats, Seigneurs,
» Barons du Pays, par le con-
» ſeil deſquels il autoriſa dere-
» chef leſdites loix & coutu-
» mes, ainſi qu'il appert aſſez par
» un chapitre dudit Coutumier,
» où eſt contenu le conſeil du

» Roi Philippe, qu'il tint à Lif-
» lebonne, *&c.*

A ce moyen, on peut s'affurer que les Loix & Coutumes contenues dans notre ancien Coutumier étoient obfervées & en vigueur en 1204. Il pouvoit s'être gliffé des abus contraires à ces loix dans certains Cantons de la Province, notamment dans le Vexin, quelque tems auparavant. Le voifinage de l'Ile de France, où les femmes étoient dès-lors communes en biens avec leurs maris, mais feulement pour un tiers, les fréquentes alliances que ce voifinage occafionna entre les Habitans du Vexin & ceux de l'Ile de France, & la domination momentanée ou paffàgère des Rois de France, qui, fous les derniers Ducs de Normandie, ont fubjugué différentes fois cette partie de la Province, ou se la sont fait céder par différens traités ; ensorte qu'elle se trouvoit par intervalles dans le ressort du Parlement de Paris qui admettoit la communauté entre gens mariés ; purent même avant la réunion de cette Province à la Couronne, & avant la rédaction de l'ancien Coutumier, occasionner l'introduction de quelques abus contraires à l'usage général de la Province. Ces abus naissans, s'ils existoient dès-lors, n'avoient pas encore acquis assez de consistance & d'autorité, pour avoir force de loi, & former un usage local, lorsque l'ancien Coutumier a été rédigé par écrit, puisqu'il n'admet d'exception que pour le bourgage.

Mais après la réunion de la Province à la Couronne, & lorsqu'en 1270 l'Ordonnance de

Saint Louis introduisit dans le ressort du Parlement de Paris, la communauté dimidiaire, telle qu'elle y subsiste encore aujourd'hui, soit par une suite des premiers abus dont nous venons de parler, ou simplement par imitation, ou à cause des fréquentes alliances que formèrent entr'eux les Habitans du Vexin & ceux de l'Ile de France, depuis leur réunion sous un même Souverain, il s'introduisit dans le Vexin une espèce de communauté, mais tellement modifiée par l'usage & la Coutume générale de la Province, que c'étoit toujours à titre d'hérédité, plutôt que de communauté, que les femmes y prenoient part aux (*f*) meubles & conquêts de leurs maris.

(*f*) Cette part aux meubles, suivant

Ainsi depuis l'an 1270, jusqu'à la réformation de notre Coutume en 1583, l'usage s'introduisit au Bailliage de Gisors, de donner aux femmes la moitié des conquêts en propriété après la mort du mari, comme c'étoit l'usage en bourgage : mais en bourgage & au Bailliage de Gisors ; comme dans tout le reste de la Normandie, les femmes, du vivant de leurs maris, n'avoient rien ni aux meubles ni aux conquêts, & la part qu'elles y prenoient après le décès du mari, les obligeoit indéfiniment &

---

l'usage attesté par Terrien, *p.* 236, étoit de la moitié, si le mari n'avoit point d'enfans, & du tiers, s'il en avoit qui n'eussent point été par lui pourvus avant la mort de la veuve, aux meubles, étoit, comme aujourd'hui, exempte des frais funéraires & legs testamentaires.

irrévocablement à toutes les dettes en qualité d'*héritières* avec les héritiers lignagers. *V.* Terrien, *p.* 236, & le Texte latin de l'ancien Coutumier, cité dans la première partie ci-dessus *de Tenuris per Borgagium.* Voyez le Style de procéder *de conquêt*, l'art. 329 de la Coutume réformée, & l'article 389.

Quant à l'usage du pays de Caux, je n'entreprendrai point d'en découvrir l'origine. Peu importe pour le sujet que je traite, de la connoître, puisque cet usage n'accordoit, comme aujourd'hui, à la femme, qu'un usufruit de la moitié des conquêts, après la mort du mari; ce qui la suppose héritière. Si je voulois hasarder quelque conjecture, je dirois qu'il y a apparence que ce sont les Ducs de Longueville qui l'y ont introduit.

Du moins

Du moins est-il certain que cet usage ne subsistoit point, lorsque la Province a été réunie à la Couronne; & même quelque tems après; car il n'en est fait mention, ni dans l'ancien Coutumier, ni dans le Style de procéder.

Mais Terrien, *pag.* 240, parle de l'usage du pays de Caux & de celui du Vexin; & c'est la première trace que l'on en trouve dans nos Auteurs. » L'usage du » pays de Caux est autre, dit-il, » car la femme a moitié, com» me en douaire, ès conquêts » assis hors bourgage: & au Bail» liage de Gisors, elle y ac» quiert moitié en propriété ès » héritages assis entre les trois ri» vières de Seine, Ette & Au» delle, qui est le Veuquecin » Normand »; ce qui, soit dit en passant, comprend non-seulement le Bailliage actuel ou Vicomté de Gisors, mais aussi le Bailliage & Vicomté d'Andely, où le Siége Présidial a été transféré, ceux de Vernon & Lions, qui en ont été démembrés, & celui de Charleval.

La Coutume générale de la Province, lors de la réformation, souffroit donc trois exceptions; la première, contenue dans l'ancien Coutumier, pour le bourgage, où les femmes, après la mort du mari, avoient moitié aux acquisitions en qualité d héritières: la seconde pour le grand Bailliage de Gisors, où par un abus devenu usage avec le tems, les femmes avoient moitié en propriété, comme en bourgage, & au même titre.

La troisième enfin pour le pays de Caux, ou par un autre abus, mais moins considérable que celui du Bailliage de Giſors, les femmes avoient non la propriété, mais l'uſufruit ſeulement de la moitié des conquêts.

TROISIEME PARTIE.

Les Femmes, ſous la Coutume nouvelle, comme ſous l'ancienne, prennent part aux meubles & acquêts, à titre d'héritières, & n'y ont rien du vivant du mari, nonobſtant les articles 331 & 332 de la Coutume.

A la place de l'ancienne Coutume, qui privoit abſolument les femmes de toute part ou portion, ſoit en propriété, ſoit en uſufruit, aux acquiſitions faites par le mari, nos réformateurs ont fait ſuccéder un droit nouveau qui leur accorde après la mort du mari, le tiers par uſufruit dans toute la Province, ſans néanmoins déroger à l'exception du bourgage, ni aux uſages locaux du Vexin & du

Pays de Caux, qu'ils ont au contraire confirmés par l'article 329 de la nouvelle Coutume.

» La femme, (porte cet art.) » après la mort du mari, a la » moitié en propriété des con- » quêts faits en bourgage conſ- » tant le mariage, & quant aux » conquêts faits hors bourgage, » la femme a la moitié en pro- » priété au Bailliage de Giſors, » & en uſufruit au Bailliage de » Caux, & le tiers par uſufruit » aux autres Bailliages & Vi- » comtés ».

Or les articles 392 & 393 de la Coutume donnent auſſi à la femme, outre ſa part dans les conquêts, le tiers des meubles de la ſucceſſion du mari, s'il a enfans vivans; la moitié, s'il n'en a pas, ou s'il n'a que des filles mariées, & dont le mariage ſoit acquitté. Nous avons vu dans les première & seconde parties que, sous l'ancienne Coutume, les femmes n'avoient rien ni aux meubles, ni aux conquêts du vivant du mari, & qu'elles n'y pouvoient prendre part après sa mort, qu'en qualité d'héritières. ℣ s' *hæredes virorum suorum post eorum decessum.* Terrien qui vivoit peu de tems avant la réformation, & qui l'a préparée, nous apprend que cet usage s'étoit perpétué jusqu'à lui, *p* 236. Se pourroit-il bien que nos réformateurs, par la Coutume nouvelle, eussent eu intention d'y donner atteinte ?

Je ne crois pas que personne ose entreprendre de le prouver. *Outre que l'article 329 que je viens de citer, est placé sous le titre des successions collatérales en meubles, acquêts & conquêts;* ce qui suppose la femme héritière;

l'art. 394 oblige si étroitement la femme qui ne veut point être obligée aux dettes, de renoncer à la succession de son mari dans le délai de quarante jours, qu'il faudroit s'aveugler soi-même, pour ne pas voir que c'est la qualifier d'héritière. Aussi les artic. 81, 82 & 83 du Réglement de 1666, tous les Arrêts de la Cour, les Sentences des différens Tribunaux, l'usage constant de la Province la qualifient-ils héritière? Et avant la réformation, Terrien, le Style de procéder, le Texte même de l'ancien Coutumier lui donnent la même qualité. Tel est donc l'usage constant & immémorial de la Province depuis environ neuf siècles.

J'ai fait voir d'ailleurs dans le Discours préliminaire que non-seulement la femme a le titre d'héritière, mais qu'elle en a le véritable caractère. Elle l'est donc véritablement, & aussi véritablement que tout autre héritier aux meubles & acquêts.

La femme, il est vrai, est une héritière d'une espèce unique: son droit n'est point fondé comme celui des héritiers du sang, sur le vœu de la nature, & la proximité du degré. La loi a eu un autre motif, en lui déférant la succession de son mari: elle a voulu la récompenser, non-seulement de son bon ménage & de son industrie, qui ont contribué pendant le mariage à augmenter la masse des meubles de son mari; mais encore de son attachement & de la fidélité qu'elle a eue pour lui pendant sa vie. Voilà pourquoi le droit de la femme est limité aux acquisitions faites par le mari constant le mariage, tandis que le droit de de l'héritier lignager aux meubles & acquêts, quoique limité à cette eſpèce de biens, s'étend ſur tous les acquêts indiſtinctement.

Or, comme l'héritier aux meubles & acquêts, ne ceſſe pas d'être vraiment héritier, quoique ſon droit ne s'étende pas ſur les propres, lorſqu'il y a différens héritiers, de même auſſi la femme ne ceſſe pas d'être véritablement héritière de ſon mari, quoique ſes droits ne s'étendent pas ſur les acquiſitions faites avant ſon mariage.

Ainſi les femmes ſont héritières de leurs maris en Normandie, & c'eſt en cette qualité qu'elles prennent part aux meubles & conquêts; cela eſt certain. Je pourrois en conclure dès-à-préſent, qu'elles n'y ont rien du vivant de leurs maris.

Mais qu'eſt-il beſoin de raiſonner, lorſque la Loi s'explique clairement.

Les perſonnes conjointes par mariage, ne ſont communes en biens, ſoient meubles ou conquêts immeubles, *ains les femmes n'y ont rien qu'après la mort du mari.* C'eſt l'art. 389 de la Coutume. Il eſt vrai que ſi la femme prédécède, ſes héritiers acquièrent la propriété de la moitié des conquêts faits par le mari en Bourgage, & au Bailliage de Giſors, ce qui ſembleroit inſinuer, que ce droit leur a été tranſmis par la femme prédécédée ; & par conſéquent qu'elle avoit réellement la propriété de cette moitié, du vivant même de ſon mari : ce qui ſemble encore confirmé par les art. 331 & 332 de la Coutume, dont le premier porte : » Le mari

» doit jouir par usufruit, sa vie » durant, *de la part que sa femme » a eue en propriété aux conquêts*, » &c. » & le second : » Le mari » & ses héritiers, peuvent retirer » la part des conquêts, ayant » appartenu en propriété à sa » femme, *&c.* »

Cependant quiconque voudra se donner la peine de considérer de bonne foi l'origine & les progrès du droit des femmes, sur les meubles & conquêts en cette Province (*t*) & de conférer les articles 329 & 389 de la Coutume, avec les articles 331 & 332 ci-dessus cités, verra que la femme qui prédécède son mari, n'a eu rien en propriété aux conquêts du Bailliage de Gisors,

(*t*) Voyez les deux premières parties de ce Traité.

ni en Bourgage. Que ces expressions de l'article 331, *la part que sa femme a eue en propriété aux conquêts*, & celle-ci de l'article 332, *la part des conquêts ayant appartenu en propriété à sa femme*, sont des expressions peu exactes, qui ont échappé à nos réformateurs, par inattention, ou à cause de la difficulté qu'ils ont trouvée à s'expliquer plus clairement & plus exactement. Puisque si on leur donnoit le sens qu'elles présentent naturellement, il y auroit une contradiction manifeste entre les articles 329 & 389 de la Coutume, (qui contiennent cependant mot pour mot, l'usage de tous tems observé en cette Province (*u*) suivant l'ancien Coutu-

(*u*) Voyez la conclusion de la première Partie.

mier & les articles 331 & 332.

Car il ne faut pas confondre la femme avec ſon héritier. Du vivant du mari, la femme n'a rien, ni aux meubles, ni aux conquêts; *ains les femmes n'y ont rien qu'après la mort du mari*, dit l'article 389; mais ſi elle prédécède, la Loi par un bénéfice ſingulier, & pour récompenſer en la perſonne de l'héritier, l'induſtrie de la femme prédécédée, lui donne, non ſur les meubles, mais ſeulement ſur les conquêts de Bourgage, & du Bailliage de Giſors, faits conſtant le mariage, le même droit après la mort du mari, *que la femme eût eu elle-même*, ſi elle l'eût ſurvécu, enſorte que l'héritier ne tient pas ſon droit de la femme, mais de la Loi.

On m'objectera peut-être, que l'ancienne Coutume ne donnoit point à l'héritier de la femme prédécédée, le même droit ſur les conquêts de Bourgage, que la femme eût eu, ſi elle eût ſurvécu ſon mari, & partant que l'héritier tient ſon droit de la femme, & non de la Loi.

J'avoue que l'objection eſt ſpécieuſe, mais elle manque de ſolidité. Il eſt vrai que l'ancienne Coutume ne donnoit point à l'héritier de la femme, de droit ſur les conquêts de Bourgage du vivant du mari. J'avouerai même qu'une pareille diſpoſition eût mal cadré avec l'eſprit de notre ancienne Coutume, en ce qu'elle auroit ſemblé déprimer la puiſſance maritale, qu'elle étoit ſi jalouſe de conſerver. Mais la faveur de l'héritier de la femme, fondée ſur des apparences d'équité, obtint par la ſuite du tems, ce que la rigueur du droit devoit l'empêcher d'obtenir (*x*).

En effet, la gloſe de l'ancienne Coutume, au Chapitre de *Teneure par Bourgage*, & le ſtyle de procéder de conquêts, en avoient fait, pour ainſi dire, une loi avant la réformation & nos

(*x*) Nos Coutumes ſont des eſpèces de conventions publiques, approuvées & conſenties de tout le peuple. Conſéquemment elles obligent tout le monde, ſans aucune exception ni reſtriction. Leur exécution ne doit donc point être arbitraire : ce qui arrive cependant, lorſque par faveur, ou ſous prétexte d'équité, on les enfreint. Alors comme nos Coutumes forment un tout, dont toutes les parties correſpondent les unes aux autres, l'atteinte portée à une de leurs diſpoſitions, en trouble l'accord, & fort ſouvent nuit à l'intelligence du reſte.

réformateurs, ſans approuver directement par aucun article de la Coutume réformée, le droit des héritiers de la femme, le ſuppoſent & le confirment indirectement par les articles 331 & 332, qui ſont de Coutume nouvelle. Voilà le ſens dans lequel je dis que l'héritier de la femme tient ſon droit de la Loi.

Mais l'héritier ne peut pas tenir ſon droit de la femme prédécédée, puiſqu'elle ne peut lui tranſmettre ce qu'elle n'a pas elle-même ; or la femme qui prédécède, n'a rien aux meubles ni aux conquêts de ſon mari. Si les termes des articles 331 & 332, ſemblent ſuppoſer le contraire, c'eſt mal-à-propos, comme le remarque Baſnage ſur l'article 331 ; mais cet habile Commentateur cherche en vain des tempéramens & des palliatifs, pour ſauver la contradiction manifeſte qui eſt entre l'article 331 & l'art. 389, comme entre ledit article 389, & l'article 332.

Les art. 331 & 332, ſont de Coutume nouvelle & mal conçus ; le premier eſt une précaution priſe contre les héritiers de la femme prédécédée, pour les empêcher d'étendre dans la ſuite leur droit déjà aſſez contraire à l'eſprit de la Coutume, en inquiétant le mari ſurvivant ; & le ſecond accorde au mari la faculté de retirer la part des conquêts en propriété, acquiſe aux héritiers de la femme, dans les trois ans du jour du décès de ladite femme.

Ces articles ne concernent donc point la femme, puiſqu'ils la ſuppoſent morte ; mais ſeulement ſes héritiers ; ainſi l'article 331, au lieu de dire que » le » mari doit jouir par uſufruit, » ſa vie durant, de *la part que ſa* » *femme a eue en propriété* aux » conquêts par lui faits, conſ- » tant leur mariage, encore qu'il » ſe remarie, devoit s'exprimer » ainſi » : le mari doit jouir par uſufruit, ſa vie durant, encore qu'il ſe remarie, de la part en propriété acquiſe aux héritiers de ſa femme par ſon décès, dans les conquêts faits conſtant leur mariage, en Bourgage & au Bailliage de Giſors.

Et l'article 332 auroit dû être conçu en ces termes: le mari & ſes héritiers peuvent retirer la part des conquêts, *appartenant* en propriété aux héritiers de ſa femme, en rendant le prix de ce qu'elle a coûté, enſemble des augmentations, dans trois ans, du jour du décès de ladite femme.

En effet, les femmes, ſuivant l'ancienne Coutume, & avant la réformation, n'avoient rien, ni en propriété, ni en uſufruit, aux conquêts de coutume générale, ils appartenoient au mari en toute propriété, & paſſoient après lui à ſes héritiers, ſans partage & ſans être maculés d'aucun uſufruit en Bourgage même; & au Bailliage de Giſors, ſi elles avoient moitié en propriété, c'étoit ſeulement *après la mort de leurs maris*; ce ſont les termes de l'ancien Coutumier. L'article 329 de la nouvelle Coutume, s'explique de même, & le droit qu'il donne aux femmes ſur les conquêts, en quelque endroit de la Province qu'ils ſoient ſitués, il ne leur accorde qu'*après la mort du mari*. L'article 389 dit positivement, qu'*elles n'y ont rien qu'après la mort du mari.*

Je crois donc avoir suffisamment établi, que les femmes n'ont rien aux meubles ni aux conquêts, même de Bourgage & du Bailliage de Gisors, du vivant du mari, nonobstant les articles 331 & 332, mais seulement après sa mort, en qualité d'héritières. La femme qui prédécède, ne transmet donc aucun droit à son héritier. Mais l'usage ancien, approuvé par la Coutume réformée, lui donne sur les conquêts en Bourgage & au Bailliage de Gisors, une *part telle que la femme eût eue, si elle eût vécu*. Ce sont les termes du style de procéder, qui contient cet ancien usage.

Il est facile maintenant de résoudre les objections de M. Ducastel, contre l'hérédité des femmes. Je vais les reprendre dans leur ordre, comme il les propose depuis la page 56 de sa Dissertation, jusqu'à la page 72.

Première Objection.

» Le mari est susceptible des » dettes de sa femme, s'il n'a » pas fait dresser un état des » meubles qu'elle avoit en se » mariant ; c'est donc parce » quils sont en communauté, » dès l'instant du mariage, & » que le mari est l'administra- » teur ou le maître du bien » commun ».

Réponse.

C'est parce que les dettes de la femme sont une charge de ses biens, dont le revenu, ainsi que tous les meubles qu'elle apporte en dot, appartiennent en toute propriété au mari pendant le mariage.

Seconde Objection.

» Les femmes peuvent ſtipu-
» ler en ſe mariant, ou requérir
» dans la ſuite, une ſéparation
» de biens. Or, cette diviſion
» ſuppoſe une aſſociation primi-
» tive; d'un autre côté, les effets
» de cette ſéparation, écartent
» toute idée d'un titre hérédi-
» taire; car ſi la femme héritoit
» de ſon mari, cela devroit avoir
» lieu, indépendamment de leur
» ſéparation; cependant la
» femme ſéparée n'a rien ſur
» les meubles & conquêts de
» ſon mari; c'eſt donc parce
» qu'alors leur communauté eſt
» diſſolue ».

Réponse.

J'avoue ingénument, que je ne comprends guères ce raisonnement-là. Quoi qu'il en soit, je réponds à ce que j'en entends. La séparation de biens ôte au mari dissipateur ou en faillite, le revenu de sa femme qui lui appartenoit en toute propriété avant la séparation, comme le sien propre. Cela ne suppose pas une communauté de biens précédente; d'un autre côté, si le mari meurt, la femme séparée de biens, n'a rien aux meubles de son mari, ni aux acquêts qu'il a faits depuis leur séparation : ce sont les termes de l'article 80 des Placités.

Troisième Objection.

» A quel titre les femmes qui

» prédécèdent leurs maris, tranſ» mettent-elles à leurs héritiers, » la moitié des conquêts de » Bourgage, & autres lieux ? Si » c'eſt comme aſſociées de leurs » époux, cela ſe conçoit: ſi c'eſt » comme héritières, cela eſt in» concevable, puiſqu'elles ne » peuvent pas hériter de leurs » maris, avant qu'ils ſoient » morts ».

Réponſe.

Les femmes n'ont rien aux conquêts du vivant du mari : ainſi celles qui prédécèdent, ne tranſmettent point à leurs héritiers la moitié des conquêts de Bourgage & du Bailliage de Giſors, comme le ſuppoſe l'objection. C'eſt la Loi qui la leur donne après la mort de la femme. Ce qui rend l'objection caduque.

Quatrième

Quatrième Objection.

» Plusieurs articles de notre » coutume, des Placités & des » usages locaux, supposent une » communauté ; on y trouve ces » expressions : *La femme prenant* » *part, la part des conquêts ayant* » *appartenu à la femme, la part* » *que la femme a eue en propriété* » *aux conquêts, & d'autres ter-* » *mes similaires* ».

Réponse.

Plusieurs articles de notre Coutume, des Placités & des usages locaux, s'expliquent mal ; mais ils ne supposent point une communauté, puisque l'article 389, porte que » les personnes » conjointes par mariage, ne » sont communes en biens, » soit meubles ou conquêts, im-

» meubles, ains les femmes n'y » ont rien qu'après la mort du » mari ».

Cinquième Objection.

» On peut convenir que la » femme n'aura rien dans les » meubles & conquêts ; c'est » une clause licite de la société » conjugale, que d'autres com- » binaisons peuvent déterminer : » mais si la femme étoit héri- » tière, on disposeroit d'une » succession à écheoir, & cela » seroit contre les règles ».

Réponse.

La femme peut renoncer à la succession à écheoir de son mari, par son contrat de mariage. C'est une convention qui n'est point contraire aux bonnes mœurs. Cela est d'usage en Normandie, où les femmes ſont héritières, comme je l'ai démontré amplement.

Sixième Objection.

» Si la femme eſt héritière, » ſa portion de conquêts doit » être un propre dans ſa ſucceſ- » ſion ; ſi elle eſt commune, ce » doit être un acquêt. Or, nous » tenons pour maxime, que ce » n'eſt pas un propre. Nous di- » rons la même choſe, lorſque » la femme en prédécédant, » tranſmet cette portion à ſes » héritiers, tout le monde ſait » qu'elle appartient à ceux qui » partagent ſes acquêts. Il eſt » donc évident que la femme » Normande eſt l'aſſociée de ſon » époux, qu'elle en prend, & » qu'elle en tranſmet les avan- » tages ».

Réponse.

La part des conquêts échus à la femme, de la succession de son mari, n'est en sa personne ni propre paternel, ni propre maternel. Voyez Tesnelle sous l'article 247, de la Coutume. C'est un propre que notre Coutume n'a point eu en vue, lorsqu'elle a réglé l'ordre des successions aux propres. Ainsi il semble n'appartenir, ni à l'héritier paternel, ni à l'héritier maternel de la femme; & jusqu'à présent on l'a donné à l'héritier aux acquêts. Que l'on en conclue si l'on veut, que la Jurisprudence & l'usage à cet égard sont contraires à la lettre de la Coutume & des articles 102 & 103 du Réglement de 1666; mais la Jurisprudence, telle qu'elle ſoit, ne peut changer la vérité du principe, qui eſt que les femmes ſont *héritières*.

Lorſque la femme prédécède, c'eſt différent. J'ai fait voir que l'héritier en ce cas, tient ſon droit immédiatement de la Coutume, & non de la femme, qui n'y a jamais rien eu. Ainſi la part qu'*auroit eue* la femme, *ſi elle eût vécu*, appartient, ſans difficulté, à l'héritier aux acquêts.

Septième Objection.

» Quand le mari n'a pas d'hé-
» ritiers, la part de ſon épouſe
» n'augmente point; c'eſt donc
» parce qu'elle n'eſt que ſon aſ-
» ſociée; car il ſemble que ſi
» elle étoit héritière, elle devroit
» prendre dans ce cas tous les
» meubles & conquêts de ſon

» mari, ainſi que l'auroit fait un » ſeul héritier ».

Réponſe.

Non.

Huitième Objection.

» Les héritiers aux meubles & » acquêts, ſont chargés du rem» placement des propres aliénés » par le mari, ſoit avant ou pen» dant ſes différens mariages; la » femme au contraire n'eſt ſuſ» ceptible que des aliénations » faites pendant le ſien : ſi elle » eſt réputée commune, cette » différence eſt explicable; en » cette qualité, elle ne doit ré» pondre des propres, qu'au» tant qu'ils auront amélioré le » bien commun; mais ſi elle eſt » héritière, pourquoi ne rem» placeroit-elle pas, comme ſes

» ſemblables, l'intégrité des pro-
» pres vendus » ?

Réponſe.

Le droit de la femme héritière, eſt limité aux meubles & aux conquêts faits conſtant le mariage. Celui des autres héritiers aux meubles & acquêts, eſt illimité. Il n'eſt donc pas étonnant, que ceux-ci ſoient chargés de remplacer indiſtinctement les propres vendus par le mari, ſoit avant ou pendant ſes différens mariages, tandis que la femme héritière, ne contribue qu'au remplacement des aliénations faites pendant le ſien. Il n'y auroit pas de Juſtice autrement.

Neuvième Objection.

» Si les ſervices du mari oc-

» casionnent une séparation, la
» femme peut être admise au
» partage des meubles & con-
» quêts; c'est évidemment, parce
» que la société des époux, &
» l'administration du mari, ces-
» sera d'avoir lieu ».

Réponse.

Il s'agit ici d'une séparation de corps, qui entraîne celle de biens. Or, *la femme séparée de biens, ne peut demander aux héritiers de son mari, aucune part des meubles de sa succession, ni aux acquêts qu'il a faits depuis leur séparation placite*, art. 80. A l'égard des conquêts, faits constant le mariage & avant la séparation de corps & de biens, comme la femme, en ce cas, peut être privée, même de son douaire, suivant les articles

376

376 (y) & 377 de la Coutume, à plus forte raiſon peut-elle être privée de la part qu'elle auroit pu y réclamer dans la ſucceſſion de ſon mari. Cela dépend des circonſtances.

Dixième Objection.

» Les frais funéraires n'affec- » tent point la part des aſſociés » du mort, c'eſt pourquoi la » femme Normande ne contri-

(y) Femme n'a douaire ſur les biens de ſon mari, ſi elle n'étoit avec lui lors de ſon décès. *Cout. art. 376.*

Ce qui ſe doit entendre, quand elle a abandonné ſon mari, ſans cauſe raiſonnable, ou que le divorce eſt avenu par la faute de la femme; mais s'il avient par la faute du mari, ou de tous deux, elle aura ſon douaire. *Cout. art. 377.*

» bue pas aux funérailles de son » mari ».

Réponse.

Si la femme Normande, quoiqu'héritière, ne contribue pas aux frais des funérailles de son mari avec les héritiers lignagers, c'est que la Coutume dans l'article 193, le décide ainsi. Mais cela ne change rien à sa qualité.

Onzième Objection.

» Les legs d'un associé doivent » se prendre uniquement sur ce » qui lui revient, c'est encore par » cette raison que la femme en » Normandie est exempte de » ceux faits par son époux ».

Réponse.

Même solution qu'à la dixième Objection.

Douzième Objection.

» *Avenant que le mari confisque la femme, ne laisse pas d'avoir sa part aux meubles & conquêts, telle que la Coutume lui donne, comme si le mari n'avoit confisqué*, art. 333 de la Coutume.

» 1°. Cette disposition ne compâtit pas avec le titre d'héritière, parce que la confiscation anéantit le droit des héritiers.

» 2°. Elle est adoptée par toutes les Coutumes, & de-là on peut induire, que nos femmes sont en communauté.

» 3°. Elle émane de l'Arrêt de Bense, & cet Arrêt a pour base ce principe de Dumoulin : *Injustum est ut mulier perdat mediam partem mobilium & conquestuum, quam extraneus socius non perderet* ».

Réponse.

C'eſt un privilège que la Coutume accorde à la femme contre le fiſc ; privilège auquel l'Arrêt de Benſe a donné lieu, quoique contraire aux principes de notre droit Coutumier, comme le prouve Terrien qui vivoit alors, à la page 534 de ſon Commentaire. Voyez ce que j'ai dit de cet Arrêt dans le diſcours préliminaire.

Treizième Objection.

» Pourquoi appelle-t-on con-» quêts les immeubles, que les » femmes partagent ? N'eſt-ce » point parce que ces biens ſont » réputés conjointement acquis, » & conſéquemment com-» muns ».

Réponse.

C'eſt parce qu'ils ont été acquis par le mari pendant qu'il vivoit, conjointement avec ſa femme, dans l'état de mariage ; il ne s'enſuit aucune communauté.

Quatorzième Objection.

» Notre Coutume impoſe à
» la femme, l'obligation de re-
» noncer dans un certain tems ;
» ſi la femme eſt héritière, cette
» charge eſt injuſte, puiſqu'il
» ſuffit aux héritiers de s'abſte-
» nir ; ſi elle eſt commune, cette
» obligation eſt raiſonnée : car
» la femme étant en commu-
» nauté de biens avec ſon mari,
» elle eſt ſoumiſe à l'action des
» créanciers de ce dernier, tant
» qu'elle ne renonce pas. Cette

» assertion est si vrai, que lorsque le pacte social est dissolu » par la séparation de biens, » l'art. 81 des placités, n'exige » point de renonciation ».

Réponse.

Notre Coutume dans l'article 235, impose à l'héritier présomptif lignager, l'obligation de renoncer dans les quarante jours, par l'article 394, elle impose la même obligation à la femme, par rapport à la succession de son mari, & dans le même délai : elle prend même de grandes précautions, pour empêcher que ce délai ne puisse être prorogé en sa faveur, sans connoissance de cause, & contre le gré des héritiers lignagers. Pourquoi celà ? Notre Coutume fait assez entendre dans cet article 394, que c'eſt pour la conſervation du droit des héritiers lignagers, & pour ne pas donner à la veuve le tems de faire des ſouſtractions, ſi elle en étoit capable; ce qui lui ſeroit plus facile qu'à tout autre, comme on le ſait, puiſque pendant ce tems, elle demeure dans la maiſon du défunt, & aux frais même des héritiers, lorſqu'elle renonce. En cela la Coutume ne commet point d'injuſtice, puiſqu'elle donne d'ailleurs à la femme un délai compétent, pour accepter ou renoncer.

A l'égard de la femme ſéparée de biens, c'eſt différent: elle n'eſt pas cenſée héritière, encore qu'elle n'ait pas renoncée à la ſucceſſion de ſon mari, parce qu'elle n'a rien aux meubles ni aux acquêts faits depuis ſa ſéparation. Tout ce qu'elle pourroit exiger, s'il y avoit lieu, ce ſeroit une part aux conquêts faits avant ſa ſéparation, en contribuant aux dettes comme héritière : mais ſi elle veut y renoncer, il ſuffit qu'elle le déclare par écrit aux héritiers, tant qu'elle n'eſt pas pourſuivie comme héritière par les créanciers ; il n'y a pas d'inconvéniens : il n'eſt donc pas néceſſaire d'avoir recours à une communauté imaginaire, pour expliquer cette différence-là.

Quinzième Objection & Réponſe.

La quinzième Objection eſt ſi longue, que je ne puis la rapporter ; je dirai ſeulement, que Me. Ducaſtel la fonde ſur ce principe abſolument faux, que *lors de la réformation de notre Coûtume*, la communauté étoit admiſe en cette Province.

Comment peut-on dire en effet, que la communauté étoit admise en Normandie, puisqu'avant la réformation, les femmes, suivant le droit général de la Province, n'avoient rien, ni en propriété, ni en usufruit, aux acquisitions, comme le portent plusieurs textes de l'ancien Coutumier que j'ai cités, qui sont absolument prohibitifs, & par conséquent exclusifs de communauté. En Bourgage, ou par une exception, elles avoient moitié; ce n'étoit qu'après la mort du mari, & en qualité d'héritières; c'est une vérité de texte, ℣. *hæredes virorum suorum post eorum decessum.*

Il n'y a aucun texte de l'ancien Coutumier, qui donne aux femmes une part dans les meubles, même après le décès du mari: mais l'usage leur en a donné une. Oſera-t-on dire que c'étoit à titre de communes, tandis que Terrien nous atteſte le contraire, & nous prouve, p. 236, qu'elles n'y avoient part qu'en qualité d'héritières comme aux acquêts de Bourgage des Bailliages de Giſors & de Caux?

Sur quoi donc Me Ducaſtel ſe fonde-t-il, pour contredire l'art. 389, arrêté en préſence, & du conſentement des Députés des trois ordres, dans l'aſſemblée des États de la Province? Eſt-ce ſur l'Arrêt de Benſe, Arrêt unique rendu onze ans auparavant, ſur des principes contraires à notre droit Coutumier, & improuvé par Terrien? En vérité n'en déplaiſe à Me Ducaſtel, j'en croirai plutôt le témoignage de toute la Province aſſemblée, que le ſien.

Me Ducaſtel paſſe enſuite tous

nos Comentateurs en revue ſur cet objet. Berault, Godefroy, Baſnage ne reconnoiſſent point de communauté en Normandie. Peſnelle, quoiqu'il ait lâché le mot de *ſociété conjugale*, rejette la communauté; & l'arrêté unanime de l'ordre de Meſſieurs les Avocats du Parlement, du 11 Août dernier, fait foi qu'elle n'a point lieu en cette Province. Malgré cela, il conclut que les conjoints ſont communs en meubles & conquêts immeubles.

Concluſions de ce Traité.

Laiſſons à Me Ducaſtel la liberté de penſer ſeul ce qu'il lui plaira, & finiſſons. Auſſi-bien mon objet n'eſt pas de combattre cette communauté chimérique, mais d'établir directement, que les femmes ſont héritières en cette Province.

J'ai prouvé qu'avant & lors de la rédaction de notre ancien Coutumier, les femmes prenoient part aux conquêts de Bourgage, en qualité d'héritières. Que depuis la rédaction de l'ancien Coutumier jusqu'à la réformation, le droit des femmes ayant fait des progrès en différens cantons de la Province, elles avoient part aux meubles & aux conquêts de Bourgage des Bailliages de Gisors & de Caux, toujours en qualité d'héritières. Enfin j'ai fait voir, que sous la nouvelle Coutume, comme sous l'ancienne, elles prennent part aux meubles & conquêts, à titre d'héritières, & qu'elles n'y ont rien du vivant du mari, nonobstant les articles 331 & 332. Je me flatte même d'avoir résolu avec avantage, les objections que l'on oppose contre l'hérédité des femmes. J'en conclus qu'elles ont le titre, & qu'elles sont héritières.

FIN.

APPROBATION.

J'AI lu par ordre de Monseigneur le Chancelier un Manuscrit ayant pour titre : *Traité de l'Hérédité des Femmes en Normandie*, &c. *par M. Duval Duhazey*, Avocat au Parlement de Rouen, & je n'y ai rien trouvé qui puisse en empêcher l'impression. A Paris ce 18 Février 1771.

Signé, LALAURE.

PRIVILEGE DU ROI.

LOUIS, par la grace de Dieu, Roi de France & de Navarre : A nos amés & féaux Conseillers, les Gens tenans nos Cours de Parlement, Maîtres des Requêtes ordinaires de notre Hôtel, Grand Conseil, Prevôt de Paris, Baillifs, Sénéchaux, leurs Lieutenans Civils & autres nos Justiciers qu'il appartiendra, SALUT. Notre amé *le sieur Duval Duhazey*, Nous a fait exposer qu'il désireroit faire imprimer & donner au Public un ouvrage de sa composition, intitulé : *Traité de l'Hérédité des femmes en Normandie*, S'il nous plaisoit lui accorder nos Lettres de Privilège pour ce nécessaires. A CES CAUSES, voulant favorablement traiter l'Exposant, Nous lui avons permis & permettons par ces Présentes, de faire imprimer ledit Ouvrage autant de fois que bon lui semblera, & de le faire vendre & débiter par tout notre Royaume, pendant le tems de six années consécutives, à compter du jour de la date des Présentes : Faisons défenses à tous Imprimeurs,

Libraires & autres Personnes de quelque qualité & condition qu'elles soient, d'en introduire d'impression étrangere dans aucun lieu de notre obéissance. Comme aussi d'imprimer, ou faire imprimer, vendre, faire vendre, débiter, ni contrefaire ledit Ouvrage, ni d'en faire aucuns extraits, sous quelque prétexte que ce puisse être, sans la permission expresse & par écrit dudit Exposant, ou de ceux qui auront droit de lui, à peine de confiscation des Exemplaires contrefaits, de trois mille livres d'amende contre chacun des contrevenans, dont un tiers à nous, un tiers à l'Hôtel-Dieu de Paris, & l'autre tiers audit Exposant, ou à celui qui aura droit de lui, & de tous dépens, dommages & intérêts; à la charge que ces Présentes seront enrégistrées tout au long sur le Registre de la Communauté des Imprimeurs & Libraires de Paris, dans trois mois de la date d'icelles; que l'impression dudit Ouvrage sera faite dans notre Royaume & non ailleurs, en bon papier & beaux caracteres; conformément aux Réglemens de la Librairie, & notamment à celui du dix Avril mil sept cent vingt-cinq, à peine de déchéance du présent Privilège; qu'avant de l'exposer en vente, le Manuscrit qui aura servi de copie à l'impression dudit Ouvrage, sera remis dans le même état où l'approbation y aura été donnée, ès mains de notre très-cher & féal Chevalier, Chancelier Garde des sceaux de France, le Sieur DE MAUPEOU, qu'il en sera ensuite remis deux Exemplaires dans notre Bibliothéque publique, un dans celle de notre Château du Louvre, & un dans celle dudit sieur DE MAUPEOU, le tout à peine de nullité des Présentes. DU CONTENU DESQUELLES vous Mandons & enjoignons de faire jouir ledit Exposant & ses ayans causes, pleinement & paisiblement, sans souffrir qu'il leur soit fait aucun trouble ou empêchement. Voulons qu'à la copie des Présentes qui sera imprimée tout au long, au commencement ou à la fin dudit Ouvrage, soit tenue pour dûement signifiée, & qu'aux copies collationnées par l'un de nos amés & féaux Conseillers-Sécrétaires, foi soit ajoûtée comme à l'Original. Commandons au premier notre Huissier ou Sergent sur ce requis, de faire pour l'exécution d'icelles, tous Actes requis & nécessaires, sans demander autre permission; & nonobstant Clameur de Haro, Charte Normande & Lettres à ce contraires: Car tel est notre plaisir. DONNÉ à Paris, le treizième jour du mois de Mars, l'an de grace mil sept cent soixante-onze, & de notre Règne, le cinquante-sixième. Par le Roi en son Conseil.

LE BEGUE.

Registré sur le Registre XVIII de la Chambre Royale & Syndicale des Libraires & Imprimeurs de Paris, N°. 1507, *fol.* 459, *conformément au Réglement de* 1723, *qui fait défenses art.* 41, *à toutes personnes de quelque qualité & condition qu'elles soient, autres que les Libraires & Imprimeurs, de vendre, débiter, faire afficher aucuns livres pour les vendre en leurs noms, soit qu'ils s'en disent les auteurs ou autrement; & à la charge de fournir à la susdite Chambre, neuf exemplaires prescrits par l'article* 108 *du même Réglement. A Paris ce* 22 *Avril* 1771.

Signé, *LOTTIN, aîné, Adjoint.*

ERRATA.

PAGE 8, *derniere ligne*, *lisez*, elle le représente.

Pag. 39, *lig.* 5 *de la Note*, *lis.* sa mort. La part de la Veuve aux meubles, *&c.*

Pag. 41, *lig.* 21, *lis.* Andelle.

Pag. 45, *lig.* 16, *supprimez le mot* or, *& le transportez à la fin de la page, avant ces mots :* Nous avons vu.

Pag. 53, *lig.* 1, *après le mot* Coutumier, *fermez la Parenthèse.*

Pag. 59, *lig.* 12, *après ces mots* aucun usufruit, *il y a un point ; & à la ligne suivante otez le point & la virgule.*

Aux deux dernieres lignes de la même page, *lisez*, il ne le leur accorde.

www.ingramcontent.com/pod-product-compliance
Ingram Content Group UK Ltd.
Pitfield, Milton Keynes, MK11 3LW, UK
UKHW020342180726
13839UKWH00002B/861